小游子 诗友情

种恺骅 著

书　　名	小游子　诗友情 Explore Culture and Cultivate Friendship with Poetry
版　　本	1.0
著　　者	种恺骅
出版发行	同乐中文学校　TongLe Chinese School
标准书号	ISBN 978-1-947612-54-9
网　　址	www.tonglec.org
电子邮件	admin@tonglec.org

Copyright © 2022 by Kaihua Skyler Chong. All rights reserved. Printed in the United States of America. No part of this book may be used or reproduced in any manner whatsoever without written permission except in the case of brief quotations embodied in critical articles and reviews. For information, please email TongLe Chinese School at admin@tonnglec.org.

版权所有，侵权必究

小游子　诗友情

Explore Culture and Cultivate Friendship with Poetry

目 录

推荐序 3

前 言 7

鸣 谢 11

第一章 诗友情 13

    我的朋友 15

第二章 出游篇 19

    游湿地有感 21

    望金门大桥 25

    春日划船有感 29

    游圣地亚哥-拉荷亚 33

第三章 美食篇 37

    吃面有感 39

    牡 蛎 43

樱 桃 47

第四章　节 气 篇 51

　　春 露 53

　　小 满 57

第五章　家 庭 篇 61

　　忆外曾祖母 63

　　父 爱 67

第六章　学 习 篇 69

　　中华根，文化魂 71

后 记 77

后 序 85

　　一. 孩子出生后的前6-8个月能发出所有语言里的任何声音 .. 87

　　二. 沉浸式语言环境：在特定的空间，只使用一种语言 90

　　三. 没有文化背景作为依托，识再多字也没用！.................. 92

　　四. 文化熏陶+系统性教学，习得将语言融会贯通的能力 95

　　五. 小学前，让中文水平保持在英文之上 99

推 荐 序

诗颂风华，千年古韵是烙印在国人血液中的文化基因。年仅七岁的种恺骅用稚嫩的笔触、朴实的言语，把一首首诗作和创作故事，把他和柯松爷爷亲切探讨诗作，如切如磋、如琢如磨的场景，透过屏幕，化作一幅幅水墨画铺于眼前，向我们展现诗词的魅力与底蕴，更让我们看到了华裔新生代成为传承中华文脉的坚实力量！

回想 2019 年春夏之交，经方芳老师介绍，我与恺骅父母相识。初次见面，我便深深感受到他们对孩子学习中文和中国文化的热切期待。一番谈话后，恺骅父母很快就联系了加州湾区的同乐幼儿道德经班的老师，安排恺骅插班，每周参加我主讲的同乐双师课堂。

成长离不开阳光雨露，更离不开平日里的用心浇灌。初来时，尽管恺骅是班上年龄最小的孩子，只是一棵懵懂的幼苗，但由于其父母认同我们的教育理念，并让孩子认真完成每一项学习内容，使得孩子的课堂表现，从一开始以聆听为主，到后来积极主动参与课堂讨论和分享，其进步日新月异。席卷全球的疫情之下，各学校纷纷开设网课。恺骅与几位同乐小伙伴则利用这个机会，坚持了每日晨读。正是这份认真与坚持，让他在接下来的三年多里，实现了整体中文学习从量的积累，到质的飞跃！

以经典浸润心灵、以文化滋养内涵，是同乐教育的显著优势与文化特色。

在这里，恺骅和同学们诵读《道德经》、《论语》、《大学》、《中庸》、《孟子》等先秦经典，与国学经典为友，汲取先贤智慧，鉴古知今，陶冶性情，修身养德，享受着精彩纷呈的中华文化之旅。

孩子们还赏析诗词古文，广泛学习神话、寓言、历史、地理、科学、哲理、新闻等阅读文章，探索汉字的演变历史，遨游于中国的五千年历史、东西南北地理文化，感受朗诵演讲的艺术魅力……。当学习的欢乐如源头活水，从心田流淌而出，孩子便会更自主地探寻，追求成长！如今，恺骅不仅仅是"知之者"，"好之者"，更重要的是成为了"乐之者"！

他稚拙淳朴，将好奇的目光投向四方，探寻草木、感受自然，细心发现平淡生活中的浪漫与温情。

他秉持对中华诗词文化的认同与自信，怀揣着纯粹的真诚与热爱，创作出一首首富有时代力量的新诗。

他尊敬长辈，向老者学习，与智者为伍；感恩父母与师长，与同学伙伴友好相处，如同谦谦君子，风度翩翩。

他勤奋自律，好学上进，博览群书，思维活跃，以诗言志，一句"中华伟业，让吾辈来创"，掷地有声！

文化育人不是简单的单向输入，而是通过春风化雨，润物无声的方式，在孩子心中播下历久弥新的文化种子，从而深层次地引导孩子树立正确的世界观、人生观、价值观。"孩子是天生的诗人"，我们用心聆听与感受每一份赤诚之心，致力于守护这片优秀传统文化的土壤，打造一个全新的、自由的、多元化的中文学习舞台，期待用丰厚的文化底蕴点燃孩子生命的底色！

李碧涛

同乐中文 创始人
同乐中文学校 校长
2022年10月 於 西雅图

前　言

我在美国出生，和爸爸妈妈在加利福尼亚州生活。我的姥姥姥爷也在加州，爷爷奶奶在中国北京生活。

我快三岁时开始识字，四岁上了同乐中文的幼儿班，读老子的《道德经》，学习中国文化。之后，我又学习了《论语》、《大学》和《中庸》，以及一些诗经、唐诗和宋词。我非常喜欢这些中国的经典文化和地理历史知识！

在美国加州，我就读于 Stratford 学校。去年，我在英文课里学习了押韵、读诗，觉得很有意思。2021年圣诞节那天我写了一首英文诗。奶奶要求我翻译或写首中文诗，我就找出家里的字卡，把字按音韵分类，开始尝试写五言和七言诗。

每首诗从选题、采料到推敲，我前后大概要花2-5个小时。一首诗写完，写引子也需要2-4个小时。我一般用周末的早上7点到11点多的时间写作。我要是写得快的话，就有时间同家人一起出去玩，还可以吃很多好吃的东西！

图 1. 作者种恺骅

除了写诗词之外，我还写过的小作文有《我最喜欢的动物》、《我多想去看看》、《一张照片》、《会关羽》。2021年在同乐中文老师们的鼓励下，我参加了第二十二届世界华人学生作文大赛，并喜获三等奖。2022年，我参加了小枇杷十周年写作演讲大赛，获得了5-8岁年龄组的一等奖。

总是听大人们说："三岁看大，七岁看老。"

我现在七岁，长大后会是什么样子？老了以后又会是什么样子呢？

前言

我不禁想起了我的忘年之交——柯松爷爷。今年他已经七十二岁了。喜欢吟诗，写诗，唱歌。

柯松爷爷是我爷爷的中学同学和兵团战友。他出口成诗，小学时曾参加过中央广播电台少年广播合唱团。我爷爷发现我和柯松爷爷都喜欢写诗和唱歌，就通过微信介绍我们认识了。

从 2022 年 1 月到 9 月这段时间，我用中文和英文写了十几首诗词。每次写完一首中文诗，都会通过微信发给柯松爷爷，请他指正。柯松爷爷很期待我的新作。每一次他收到后，都会在当天为我点评，并用商榷的口吻提出修改建议，积极地引导我，使我受益匪浅。

我经常想，等到我七十多岁时，也一定要像他那样每天都热情地面对生活。

这本书摘录了我 2022 年 1 月到 9 月之中写的十二首中文诗词。我想和大家分享学习中文的喜悦，希望有更多的朋友们能够感受到中华诗词的魅力，从读诗，写诗和写作中找到乐趣！

种恺骅

Skyler Chong

2022 年 9 月 18 日

鸣 谢

首先，我要感谢柯松爷爷在诗词格律方面给我的指导。柯松爷爷出口成诗，在过去的一年曾给了我许多鼓励，示范和引导，让我能在愉快和自信的环境中练习写诗词。

我要感谢同乐中文的李碧涛老师，许丹老师，马泽群老师，和王菁老师。在过去的三年中，她们引导我和同学们读经典，学古诗词，探索汉字的演变历史，了解中国的地理文化知识。我从中受益匪浅。我还要感谢悟空中文的谢晨静老师和居忆然老师。在过去的两年中，她们带我系统地学习了中文语法，文章的表达方式和修辞手法。

我要感谢我的同学们。是因为和他们一起讨论，我对课文和评书中的成语和典故有了更加深刻的理解。

最后，我要感谢我的爸爸妈妈给我提供了良好的学习环境，感谢姥姥姥爷经常给我讲解历史故事，感谢爷爷奶奶日复一日，年复一年地陪伴我学习中国文化。

我能有勇气写这本书，离不开柯松爷爷，我的老师，朋友和家人们的鼓励和支持。谢谢大家！

第一章 诗友情

我的朋友

我有一个好朋友。我们有很多相同之处,也有很多不同之处。

比如说,我们俩都喜欢吃红烧牛肉面,不过我们住在不同的国家。还有我们俩的年龄里都有"七",不过我们不是一代人。

等一下,有人可能会问,那你们怎么会成为朋友呢?

哦,是这样的:我的爷爷知道我和这个朋友都喜欢诗词,所以通过微信介绍我们认识了。

这个朋友就是柯松爷爷,我的忘年之交。

柯松爷爷很喜欢写诗,写得也很好。我今年开始学习写诗,每次写了诗都请柯松爷爷指正。比如说,前段时间我写了一首七言诗《春露》。

《春露》

朝露未晞松鼠勤，
春阳已暖百鸟鸣。
冰霜融汇滋根茎，
光景文化润吾心。

柯松爷爷就提了一个很好的建议：

> 恺骅：你好！
>
> 　读了你的新诗作。非常好！写你自己熟悉的景与物、所见所闻：露珠、小草、鸟鸣……绘声绘色，栩栩如生……。读者仿佛身临其境。诗句中的晞、暖、滋、润字均用得恰到好处。你能够把学到的东西灵活运用，博采众长，古为今用。很好！
>
> 商榷：
> 第二句"百鸟鸣"写成"百鸟吟"如何？仅供参考。
>
> 祝好！
>
> 　　　　　　　　　　　　　诗友　柯松

这一改改得太妙了！不但跟第一句押韵，而且也跟第一句一样用了拟人的手法——第一句里用"勤"形容了松鼠，这句里也用拟人的手法，用"吟"来形容百鸟。

《春露》

朝露未晞松鼠勤,
春阳已暖百鸟吟。
冰霜融汇滋根茎,
光景文化润吾心。

我和柯松爷爷相识在疫情期间,还没有见过面。我跟柯松爷爷提了我们的友情,他写了首《诗友情》:

《诗友情》

文化传承在少年,
诵读李杜赋诗篇。
笔耕不辍勤习作,
喜遇诗友越千山。
网作鸿雁传诗文,
相互切磋技艺添。
忘年之交常共勉,
企盼相见尽欢颜。

哈,"企盼相见尽欢颜",又是一个我们俩的相同之处!

我也多么希望疫情早点结束啊!这样我可以飞回北京,和柯松爷爷见面,一起踏青,唱歌,读诗,写诗。那该多么美好啊!

小游子　诗友情

第二章 出游篇

图 2. 美国路易斯安那（Louisiana）州的湿地公园

恺骅朗读
《游湿地有感》

游湿地有感

美国路易斯安那（Louisiana）州有一座湿地公园。2021年，我和家人在湿地公园看到了非常美丽的景象。我写了一首诗来和大家分享我的所见所闻。

《游湿地有感》
风急鹭飞柏枝摆，
河静鳄游浮萍开。
船过漂木龟入水，
心愿湿地人人爱。

湿地公园很开阔。它在美国南部，是密西西比河的入海口。那天有大风，密西西比河流到这儿就会分出很多支流，流速很慢。我们一路看到了很多动物，有乌龟、鳄鱼、猫头鹰、白鹤和苍鹭。湿地里也有很多植物。我们看到了秃柏（bó）树。上面还挂着很多"胡须"，随风摆动。这些"胡须"是一种植物，叫松萝凤梨。水上漂着死去的树木和绿油油的浮萍。

这时是十二月份。在美国南方还很暖和，感觉像是秋天。天刮着大风，使我想起了杜甫写的关于秋天的《登高》：

　　　　风急天高猿啸哀，渚清沙白鸟飞回。

我看到了湿地最有特色的苍鹭和秃柏树。于是我就写下来了：风急鹭飞柏枝摆

这里的水清澈，因为流速很慢，泥沙可以很好地沉淀。鳄鱼静静地游来游去，寻找猎物。你可以看到鳄鱼的行踪，因为浮萍会被分开。这时我想起了唐代诗人白居易的《池上二绝》第二首中的：

　　　　不解藏踪迹，浮萍一道开。

于是我就写下了：河静鳄游浮萍开

我们看到大大小小的乌龟趴在漂着的死树杆上晒太阳。有的乌龟能有炒瓢那么大！我们的小船划过时，乌龟就惊得钻进了水里了。

于是我就写下了：船过漂木龟入水

当时，我的心情很快乐。如果世界的每一个自然环境都能受到这样的保护，不遭到破坏，就会有更多的人来享受这个景色。

于是，我就写下了：心愿湿地人人爱

写诗可以让我更有信心把情感表达出来。我希望我的同学们也能看到诗词原来不只是古人可以写，不只是大人可以写，原来我们小朋友也可以写啊！

柯松爷爷点评：

太妙了！诗似画，画如诗。有韵味，平仄对。小神童，刚七岁。学中文，起步飞。果然是：后生可畏。七十老叟使劲追！亲爱的种恺骅小诗友，努力呀！加油！

美好的心愿：热爱大自然，亲近大自然。爷爷也随上一首！

> 湿地静悄悄，
> 船过惊飞鸟。
> 风起枝条摆，
> 神龟水中逃。

诗友 柯松

图 3. 美国旧金山的金门大桥

望金门大桥

金门大桥坐落在美国加利福尼亚州的旧金山。它是一座吊桥。两根连接在塔架上的悬索将桥面悬吊在金门海峡之上。2022年,我和家人在美国加利福尼亚州旧金山游玩,写了一首诗:

《望金门大桥》
金门塔架穿碧霄,
犹如猛士悬神道。
贯通南北今与古,
交融东西海亦桥。

这天多云,云朵间中露出一片片蓝天。金门大桥的两座342米高的塔架像五节橙色的竹子插向高空。

于是,我就写下了:金门塔架穿碧霄

宽宽的桥面有六条1900米长的车道,被塔架撑起的钢索稳稳地吊着。这使我想起了刘邦写的《大风歌》:

《大风歌》

大风起兮云飞扬，
威加海内兮归故乡，
安得猛士兮守四方！

起雾的时候，桥面就出没在云海之中，像仙境一样。

于是我写下了：犹如猛士悬神道

大桥连接着金门海峡的南岸和北岸。南岸是旧金山城市的高楼大厦。这里有举世闻名的高科技公司。北岸有古老的红杉森林，里面有七百多年的红杉树。

于是我就写下了：贯通南北今与古

桥的东边是著名的旧金山湾，是我出生和成长的地方。桥的西边是通向中国的太平洋。太平洋也像通向中国的一座大桥。

于是我就写下了：交融东西海亦桥

说到这儿，我就讲了这首诗的字面的意思。其实这首诗写的是我的爷爷和姥爷。

我的爷爷和姥爷都是在上世纪八十年代出国，在国外学习和工作了几十年。他们不仅用自己的努力在科学技术领域中做出很多贡献，还为子孙后代铺了一条道路。他们在子女教育的过程中，不仅重视传统中国文化，还培养了西方的做事理念。

我要把这首诗献给长辈们。因为他们都在像勇士一样为后代铺路搭桥。

柯松爷爷点评：

恺骅小诗友：

　　诗作收悉，读了好几遍，从你的诗句中仿佛看到了金门大桥的雄姿，前两行写的十分形象具体。后两句充分发挥了你的想象力。纵横驰骋，游刃有余！想之深，思之远，十分可贵。

　　看了你的解说更加佩服，在这首诗中饱含着你对家人的崇敬，以及对伟大祖国的赤子情怀。

诗友　柯松

图 4. 在美国加州硅谷的 Shoreline Lake 小湖和家人一起划船

春日划船有感

这天正是春分节气。早上，我和爸爸妈妈去公园放风筝。但是天气多云，风不大。草坪旁，很多小鸟在树枝上愉快地聊天，好像在讨论温暖少风的天气中去哪里玩。

虽然风不够大，放不了风筝，但是公园里还有一个小湖。我们就去这个叫 Shoreline Lake 的小湖上租船游湖。

我们租了一条三人的手划小船。湖面上很平静。温暖的东风吹到我脸上，也让湖面泛起了微微的波纹。我们不禁唱起了歌。

这个二十多公顷大的湖中，有一座小岛，上面居住着许多鸭子。春天里，大鸭子们带着它们新孵出来的小鸭子，悠闲地一起游泳。他们感到危险的时候，大鸭子会游到小鸭子和危险之间，并催促小鸭子们尽快散开，尽量远离危险的地方。

我还看到大雁在北迁，这批大雁像是在从南加州往北飞向阿拉斯加的。飞到这里，它们会在湖面上歇一会儿。降落前，它们会先低空飞行，寻找安全的落脚点。

有一对大雁就从我们头上不高处飞过，落在了有鸭子的地方。也许它们觉得鸭子是本地的，会更熟悉湖里哪部分更安全。

虽然湖面上是平静的，但是我的心里却是动荡的世界。2022年2月，俄罗斯与乌克兰的战争爆发了。新冠病毒也在过去两年中不断出现新的变异，使全球疫情难以得到控制。

想到这儿时，云散了，太阳出来了。阳光让我对世界有信心：只要大家能团结，我们会把这些世界上的问题解决好。

于是，我写下了这首诗：

《春日划船有感》
轻舟荡漾飘渔歌，
东风拂水泛微波。
双雁掠过轻落脚，
群鸭护幼缓散躲。
忧思战疫多起伏，
云开献日布德泽。

柯松爷爷点评：

诗作收悉，请看以下。

（第一版）	（商榷）
云后春阳布德泽，	安逸休闲唱渔歌，
湖面东风抚微波。	湖面东风抚微波。
双雁齐飞轻点水，	双雁齐飞轻点水，
群鸭护幼缓散躲。	群鸭护幼缓散躲。
忧思战疫多起伏，	忧思战疫多起伏，
安逸光景可难得。	云开春阳布德泽。

前后句颠倒一下的理由是：

1、用云开雾散艳阳高照反映战胜疫情的企盼。

2、难得一家人休闲度假，十分惬意。另外所谓渔歌是让你别忘了你爷爷可是打渔的出身呦……。

（根据柯松爷爷的建议修改后，再推敲后改为这节里展现的那版）：

柯松爷爷点评：

好一个飘字！有意境。有味道！献字也用得妙，有企盼的意思！👍👍👍！

图 5. 盛夏,在美国南加州的拉荷亚海湾划小艇

游圣地亚哥-拉荷亚

我住在美国加州湾区。这天,我和爸爸妈妈一起去加州南部圣地亚哥的拉荷亚(San Diego - La Jolla)观海景。现在是夏天,这几天气温正好,不冷不热。多云,也不太晒。我们玩得非常高兴,所以我写了这首诗。

《游圣地亚哥-拉荷亚》
皇棕齐排赏海景,
细沙绕脚献柔情。
小艇破浪济沧海,
海鸥低飞护我行。
岩洞忽现悬崖下,
勇穿急涛洞天明。

圣地亚哥拉荷亚的海岸线上有一排排皇家棕榈树。这些皇家棕榈树有十米多高。它们庄重整齐地排成一排,好像在观赏大海的景色。

于是,我就写下了:皇棕齐排赏海景

我们走在沙滩上，发现脚下的沙子和别的地方的沙子非常不同。这里的沙子又细又软，踩在上面，就感觉像走在丝绸上似的，非常舒服。好像沙子想把我留下来，让我躺在上面放松、晒太阳、睡觉。

于是，我就写下了：细沙绕脚献柔情

我在沙滩上看着大海，听着一排排海浪哗啦啦地向我滚来，好像在叫我去探索周围的景观。爸爸妈妈租来了头盔、救生衣、桨和海上可以用的独木小艇。

我们划着小艇，越过一排排的浪，到了海上。看着小艇把浪分开，我就想到了李白的《行路难》三首中的：

长风破浪会有时，直挂云帆济沧海。

于是，我就写下了：小艇破浪济沧海

我们在海上划着小艇，一队可爱的海鸥从我头上飞过。它们好像是在想保护我们前进。

于是，我就写下了：海鸥低飞护我行

我们顺着海岸线划小艇，看见岸上从沙滩变成悬崖峭壁。我们忽然发现峭壁下有一些岩洞。这些岩洞特别大，里面可以装十条小艇。洞口却不大，每次只可以进一条小艇。峭壁底部的岩洞有一半儿在水里，里面还有一点亮光，看着很神秘。

于是，我就写下了：岩洞忽现悬崖下

这个景色使我想起了陶渊明写的《桃花源记》。我真想穿过那个洞去看一看另一边的世界。导游要带我们一行几条小艇穿过洞。我们同行的前几条小艇进洞时都被海浪冲翻了。还好，那些人都安全地爬回了他们的小艇上。爸爸划着小艇，我们穿过海浪安全地进了洞。

我看到洞里很宽敞，洞顶很高。这使我想起了吴承恩写的《西游记》中孙悟空发现的水帘洞。水帘洞里有一个石碑刻着：

花果山福地，水帘洞洞天。

我觉得眼前这个洞像水帘洞一样，都是洞中别有天地。

从洞里，我看到了洞的另外一边是一个不同的世界。那里有隐蔽的沙滩、岩壁。岩壁上还有漂亮的住宅。

于是，我就写下了：勇穿急涛洞天明

说到这儿，我就讲了这首诗的字面意思。其实我写这首诗是想表达人要有好奇心，要敢于探索新的东西。虽然生活里会有很多舒服的环境，但是我们不要满足于享受，要抓住机会，努力探索，才能对世界有更多的了解。在圣地亚哥-拉荷亚，我"放弃"了岸边的享受，抓住了机会去海上探索，才看到了新的天地！

第三章 美食篇

图 6. 我最喜欢吃面了!

恺骅演讲《吃面有感》
获第五届全球华语朗诵大赛美国赛区一等奖

吃面有感

我很喜欢吃中餐，尤其是吃拉面。我家附近有一家餐馆，他家的红烧牛肉拉面很好吃。那天我和爸爸妈妈与朋友去斯坦福一起爬山了。我爬山之后又累又饿，爸爸妈妈就带我去这家餐馆吃面。我吃得非常高兴，所以写下了这首诗。

《吃面有感》

红烧牛腩扑鼻香，
翡翠青江入口爽。
白玉蛟龙长韧滑，
享食思亲祝安康。

我们要的是最大号的面。盛面的大碗比我的脸还要大呢！服务员端上来的时候，面是热气腾腾的。我第一个看到的是大块儿大块儿的红烧牛肉。我想到了诗词大会中看到的唐朝的黄蘖禅师写的《上堂开示颂》：

不经一番寒彻骨，怎得梅花扑鼻香。

于是，我就写下了：红烧牛腩扑鼻香

我迫不及待地吃了一口，又鲜又嫩，好香啊！接着，我又吃了一口青江菜。面里的青江菜是先用热水焯了一遍的，颜色碧绿碧绿的，像翡翠一样在肉汤里浸泡着，吃进嘴里又脆又爽。

于是，我就写下了：翡翠青江入口爽

接下来，我又吃了一口面。面看着像白玉，洁白透亮。一根根弯弯的，长长的，在大碗里忽隐忽现，就像一条条蛟龙。面吃起来又滑又有嚼头。

于是，我就写下了：白玉蛟龙长韧滑

吃着这么好的美食，我就想起了家人。我爷爷最喜欢吃面了。他在中国北京。我多想让他也尝尝这么好吃的面啊！我远在美国加州，只能在心里祝家人们平安健康。

于是，我就写下了：享食思亲祝安康

这碗面代表的是民族文化。作为一个华人，我在生活中时刻都会看到龙的身影。吃着这碗面，我想起了那首《龙的传人》：

> 古老的东方有一群人，
> 他们全都是龙的传人。
> 巨龙脚底下我成长，
> 长成以后是龙的传人。

柯松爷爷点评：

诗友恺骅你好！

　　新作收悉。细品全诗，感同身受。前年秋季，去美国参加侄子的大学毕业典礼活动。我弟弟一家陪我们吃过牛肉面。正如你描述的那样：碗大，肉块大且嫩，菜绿，汤鲜。令人回味。你的诗作几乎勾出了我的口水。太解馋啦！

　　和你爷爷一样，我从小就是面条爱好者。可惜这几年在这边几乎吃不到相同品质的牛肉拉面。十分遗憾呀。

　　诗作本身很好，形象具体，合辙押韵。更可贵的是，你对每个句子都能引经据典，有所出处。你把每一次写作都当成学习的好机会。

　　随着时间的推移，相信你一定会从古人的作品中不断汲取营养与灵感，在学习中创新，在继承中发扬。之后必将取得更大的进步。

　　祝好！

诗友 柯松

图 7. 牡蛎,又名生蚝

牡 蛎

牡蛎，也就是生蚝，是生活在海边涨潮和退潮区的软体动物。我吃过三次生蚝，都非常好吃。我研究了这种动物的生活习性，发现它有许多我们值得学习的地方。

下面我们可以一起感受一下这首诗：

《牡蛎》
坚表糙如岩，
拒浪万冲翻。
冰水润弱体，
含珠育精灿。

牡蛎表面像岩石一样粗糙，很不好看。它的壳很坚硬。吃的时候，爸爸要用特殊的刀子才能把它们撬开。

于是，我就写下了：坚表糙如岩

牡蛎是一种抗逆性很强的水生动物。它的生活环境是潮间带。在这里，涨潮的时候，大浪会一次次冲打牡蛎。落潮的时候，牡蛎会从水里露出来。夏天需要耐受酷热干燥的天气。冬天需要适应冰冻温度。一只成熟牡蛎需要长 15-18 个月。在这一段时间，它需要抗拒海潮的几万次拍打。

　　于是，我就写下了：拒浪万冲翻

　　一年之中，尤其是在冬天，牡蛎要忍耐寒冷的海水，顽强地成长。

　　于是，我就写下了：冰水润弱体

　　有的时候，沙子会被海水冲进牡蛎。牡蛎会把沙子一层层地包裹成精美灿烂的珍珠。

　　于是，我就写下了：含珠育精灿

　　说到这儿，我就讲了这首诗的字面的意思。其实这首诗写的是我对牡蛎的敬仰与佩服。

　　牡蛎外表很不好看，但它一生可以抗拒海浪的几万次拍打。它还能在冰冷的环境下成长，用柔弱的身体把入侵的沙子包成精美的珍珠。

　　它告诉我们：人不可貌相。看似柔弱的身体可以抵抗环境中巨大的压力。每当环境给我们挫折的时候，我们可以顽强地拥抱挫折，把挫折变成人生经验，更好地面向未来。

柯松爷爷点评：

读新诗一首，十分欣喜。由表及里，形象具体。壳糙肉细果然入理，再写珍珠，惊人一笔！刮目相看向你学习。

读完你的这首新诗，我想从百度中搜一下古人描述牡蛎的诗词。查了半天，如你所写竟无一首。所以，在我的认知范围内，你的这首诗，可称得上是前无古人呀！佩服，佩服。

另外，只知道蚌壳里有珍珠，牡蛎里能否有珍珠，我也拿不准，所以又查了百度，果然可以，网上说：或是沙粒进入牡蛎，出于自我保护，它会把沙粒层层裹住逐渐形成珍珠，或是人工养殖也可以得到珍珠。所以，我因你的诗句长了知识。

反复琢磨你的诗句，特别是看了你对牡蛎的推崇理由，我终于写出了以下几句。特奉上。

《牡蛎》

一介顽石貌不扬，
凹凸不平暗无光。
不惧碧海千浪涤，
石开方见柔体藏。
外陋慧中更惊艳，
璀璨珍珠夺眼望。

诗友 柯松

图 8. 藏在茂盛枝叶下的樱桃

樱 桃

我住在美国加州湾区。这天正是初夏的小满和芒种两个节气之间，晴空万里，温度也很舒服。我和爸爸妈妈、姥姥姥爷一起去 Gilroy 城附近的 U-pick 果园摘樱桃了。

这个果园有 25 公顷，栽着 3000 多棵樱桃树。这里有五个品种的樱桃，我们挑着最成熟、最饱满的樱桃摘下来吃。它们有的甜一些，有的脆一些，有的红一些，都很好吃。

我最喜欢的是 Rainier 樱桃。它是 1952 年华盛顿州立大学通过嫁接 Bing 樱桃和 Van 樱桃产生的品种。

我吃得非常高兴，所以写下了这首诗。下面我们可以一起感受一下：

《樱桃》

窈窕羞躲茂叶中，
饱满甘脆嫩皮拢。
惊蛰春雨润花开，
小满夏日催果红。

今年的樱桃产量不是特别高。很多樱桃都藏在树叶之间，很难找到。成熟的樱桃红里透亮，像漂亮女孩儿的脸，害羞地躲在叶子后面。这使我想起了诗经《国风·周南·关雎》里的：

　　窈窕淑女，君子好逑。

于是，我就写下了：窈窕羞躲茂叶中

我摘的 Rainier 樱桃非常大，非常饱满。它们吃起来又甜又脆，果肉水灵，皮也很嫩。

于是，我就写下了：饱满甘脆嫩皮拢

要长出这么好吃的樱桃需要春雨和夏天的阳光。樱桃树是三月开花五月结果。

樱桃的花期很短，只有 10 天。春天的惊蛰节气，万物复苏，是春雨滋润着樱桃树开花。

于是，我就写下了：惊蛰春雨润花开

待到五月樱桃结果时，正是立夏和小满节气。是小满的阳光催着樱桃成熟，变红。

于是，我就写下了：小满夏日催果红

我们吃着这么好的樱桃，真的要记着感谢春雨和阳光。

另外，爸爸还告诉我，甜樱桃树有自交不亲和性。它的花需要授得其它樱桃种类的花粉才能结果。甜樱桃似乎也在提醒我们，有时是需要和有不同想法的朋友们讨论沟通，才能得出最好的结果。

第四章 节气篇

图 9. 春天小草上的露珠

春 露

春露是春天草上的露水。我住在美国加州湾区。这里春天的天气很温和。我和爸爸妈妈几乎每个周末都要去踏青。

《春露》是在山景城的 Rancho San Antonio 圣安托尼农场公园里踏青时写的。下面我们可以一起感受一下这首诗：

《春露》

朝露未晞松鼠勤，
春阳已暖百鸟吟。
冰霜融汇滋根茎，
光景文化润吾心。

早上的露水还没有被太阳晒干，松鼠已经起来忙碌了，看起来很勤快。这使我想起了汉乐府中的一首诗《长歌行》：

青青园中葵，朝露待日晞。

于是，我就写下了：朝露未晞松鼠勤

春天的早晨，大地被太阳晒得暖和起来。很多鸟已经开始鸣叫了。我想起了孟浩然写的《春晓》：

  春眠不觉晓，处处闻啼鸟。

于是，我就写下了：春阳已暖百鸟鸣

而后，因为第一句里用"勤"形容了松鼠，是拟人的手法，柯松爷爷建议我在这里也用拟人的手法，把"鸣"改为"吟"。

空气中的水气遇到了早春寒冷的夜晚凝结成了霜。早晨，小草的叶子上的冰霜被晒融化了。小滴的露水汇聚成一大滴露珠滑到地上。

于是，我就写下了：冰霜融汇滋根茎

周围的景色使我想起了朱熹写的《春日》

  胜日寻芳泗水滨，无边光景一时新。

还有那么多古今中外关于春天的诗，都是人类的文化，滋润着我的心。

于是，我就写下了：光景文化润吾心

说到这儿，我就讲了这首诗的字面的意思。其实这首诗写的是：学子们像小草集霜一样，寒窗苦读，把周围的知识学到自己的身上。待机会来临，汇聚点点滴滴的知识，滋润自己的心灵，茁壮成长。

柯松爷爷点评：

恺骅：你好！

　　读了你的新诗作。非常好！写你自己熟悉的景与物、所见所闻：露珠、小草、鸟鸣，绘声绘色，栩栩如生……读者仿佛身临其境。诗句中的晞、暖、滋、润字均用得恰到好处。你能够把学到的东西灵活运用，博采众长，古为今用。很好！

　　商榷：第二句"百鸟鸣"写成"百鸟吟"如何？仅供参考。（已改）

　　祝好！

诗友　柯松

图 10. 小满节气，鹿茸分枝

小 满

我住在美国加州湾区。今年的小满天气很温和。我和爸爸妈妈去踏青。《小满》是我在山景城的圣安托尼农场（Rancho San Antonio）踏青时，用诗经的格式写的。下面我们可以一起感受一下这首诗。

《小满》

小满之日，燕麦灌浆。昼夜积淀，盛夏成粮。
小满之季，鹿茸分枝。昼夜积凝，秋日争强。
小满之时，松鼠屯食。昼夜积累，冬前满仓。

小满这天，蓝蓝的天上万里无云。我走在路上看到了草坪上一片片的黄花。黄花下还有很不起眼的野燕麦，都打了籽。很多籽都是软软的，因为它们还在灌浆。可以想象，麦田里的麦子也都在灌浆，过段时间就能实现粮食丰收了。

于是，我就写下了：

小满之日，燕麦灌浆。昼夜积淀，盛夏成粮。

踏青时我们还看到了公鹿和母鹿在草坪上吃草。公鹿的鹿茸开始分出第二枝。可以想象，秋天鹿角就会长成、长壮。公鹿们就可以竞争，找母鹿繁殖后代了。

于是，我就写下了：

小满之季，鹿茸分枝。昼夜积凝，秋日争强。

我还看到，松鼠会吃草籽，也在收集草籽。可以想象，经过一段时间的积累，松鼠冬天就不怕饿肚子了。

于是，我就写下了：

小满之时，松鼠屯食。昼夜积累，冬前满仓。

说到这儿，我就讲了这首诗的字面的意思。其实，这首诗写的是人生。不管是麦粒，鹿，还是松鼠，他们都是事先付出了努力，然后才得到了好的结果。

燕麦灌浆代表着配合大自然的运作，让我们不断地吸收身边的养分，沉淀出有价值的东西。松鼠屯食代表着让我们抓住一个个好机会和好知识，储备起来为未来做准备。鹿茸分枝代表的是我们不断地修身成长，让我们在切磋琢磨中为未来建立竞争力。

我喜欢小满这个节气。

柯松爷爷点评：

恺骅你好！

　　看到你的新作，认为很好！诗歌的体裁、句式均符合诗经。

　　第一节：草籽改为麦粒是否与粮食更为契合。如果是小麦的话，盛夏是收获季节。其余两段诗句均可。俗话说，小满小满，麦粒渐满，说的是在小满时节，小麦进入了灌浆关键时期。夏收在望。（已改）

　　第二节：每年三月份到八月份这段期间鹿茸长得特别快。生长旺期的时候一天能长一厘米，到9月份就开始老化了，停止生长，一般选择在秋天收割鹿茸。（已改）

　　第三节：松鼠会在秋天把食物埋在自己认得的地方，冬天挖出来吃。（当然，你亲眼所见小松鼠收集草籽。所以，这样写也是可以的）

　　祝好！

诗友　柯松

第五章 家庭篇

小游子　诗友情

图 11.　太姥姥教我打算盘

忆外曾祖母

我的太姥姥，也就是我奶奶的妈妈，于北京时间2月17日傍晚去世了。

疫情前，我每半年都去北京看她。疫情中，我们每星期会视频几次。最后一次是在她去世前10个小时。我很难过，静下心来写了首《忆外曾祖母》。

《忆外曾祖母》

朝读暮记习新识，
旧衣自洗保其质。
默做贡献不求名，
笑容榜样传家世。

在我的印象中，太姥姥生活一直很规律。每天早上起来取报纸，读报纸，下午晚上做记录，很喜欢看养生堂，学习新的知识。

我想起了成语朝思暮想，于是，我就写下了：朝读暮记习新识太姥姥很自理，也很节约。我记得她会自己把衣服洗得干干净净的，就是旧衣服也跟新的一样。质量还是非常的好。

我家冰箱上至今还贴着太姥姥用毛笔写的"奉劝同胞实行节俭"：

一粥一饭，当思来处不易，
半丝半缕，恒念物力维艰。

于是，我就写下了：旧衣自洗保其质

听奶奶说太姥姥工作的时候非常认真，为单位做了很多贡献，却不爱出风头。退休后也经常做贡献。有一次，她为慈善活动捐了很多钱但没有留名字。

于是，我就写下了：默做贡献不求名

虽然太姥姥不求名利，但是她的笑容和她做的榜样却被我牢牢地记在了心里。我会永远记住她的教诲。

于是，我就写下了：笑容榜样传家世

想着想着，我想起了苏轼《水调歌头》里的：

人有悲欢离合，月有阴晴圆缺，此事古难全，
但愿人长久，千里共婵娟。

太姥姥，我会勤奋地学新知识，自己做力所能及的事情，节约不浪费。您放心地到月亮上去跟嫦娥作伴吧！

柯松爷爷点评：

恺骅：你好！

　　读了你怀念敬爱的外曾祖母的诗深受感动。你深深的思念之心，感恩之情跃然纸上。四段诗句写出了老人的高风亮节：勤勉、勤奋、勤劳、勤俭。淡泊名利，无私奉献的高尚品德令人敬佩。她为后人树立了榜样。老一辈人树立起来的优秀的家风值得代代传承。

　　祝好！

诗友　柯松

小游子　诗友情

图 12. 爸爸和我放风筝

父 爱

又到父亲节了，我要和大家分享一首我为爸爸写的诗《父爱》。

下面我们可以一起感受一下这首诗：

《父爱》

晨练踏青健体壮，
园蔬炖肘开胃爽。
礼乐书数增心悟，
切磋琢磨炼志昂。

我和爸爸妈妈住在美国加州湾区。我喜欢早上和爸爸一起晨练、读书、踏青。爸爸希望我把身体练得很强壮。

于是，我就写下了：晨练踏青健体壮

爸爸给我做的饭菜很健康，每天青菜豆腐不可少，我喜欢爸爸做的各种肉食，如红烧肉，白烧排骨汤。我最喜欢吃爸爸炖的猪肘子。每次看见炖肘子我就胃口大开。

于是，我就写下了：园蔬炖肘开胃爽

我前两年看的《孔子》动画片里讲了君子六艺：礼、乐、射、御、书、数。我现在七岁，爸爸督促我学习其中四艺：礼节、音乐、读书、算术，让我领悟做事的方法。

于是，我就写下了：礼乐书数增心悟

去年暑假上同乐中文的诗经夏令营时，我学到了诗经《国风·卫风·淇奥》中的：

有匪君子，如切如磋，如琢如磨。

爸爸对我要求严格，是为了锻炼我的心志，让我长大后胸怀广阔，志气高昂。

于是，我就写下了：切磋琢磨炼志昂

我会把身体练得壮壮的，好好吃饭，好好学习，领悟到更多道理，锻炼自己的心志。

谢谢爸爸给我的爱和陪伴。

祝所有的爸爸们节日快乐！

第六章 学习篇

图 13. 我的中华根

《中华根》
少林朴刀+古筝演奏+演唱表演

中华根，文化魂

我今年七岁了，已有很多老师教过我。有中文老师，武术师父，古筝老师，围棋老师，珠心算老师和美术老师。

又到9月10日教师节了，我祝老师们节日快乐！我很感谢我的老师们，因为他们教给了我很多的中华文化知识。

我就读于同乐中文学校已有三年多，受益匪浅。这所学校注重中国古代经典。我们读过《道德经》、《论语》、《大学》和《中庸》，学过古诗词，探索过汉字的演变历史，也了解过中国的地理文化。

我用屠洪刚唱的《精忠报国》的歌词格式写了一首词，来报答老师们的教悔。

《中华根》

五千年　文脉辉煌
人杰旺　物博广　历经沧桑
黄河上下　孔曾孟
千万儒家弟子　治国安邦
丝绸之路　跨敦煌

风土情 文化魂 扬越八方
汉字中正 赋想象
音如歌 形如画 义美无双
古今典故 诗里藏
听史书 诵论语 感知亮
我读经典 根基壮
中华伟业 让吾辈 来创

在我的中文文化课里，我们学习了自三皇五帝以来的很多历史故事。这近五千年的历史中，我们的文化一脉相传，让我们能有至今的辉煌。在这五千年里，中国出现了很多英雄好汉，君子圣贤。他们也经历了很多战争与和平盛世，留下了很多宝贵的文化遗产。

于是，我写下了：

五千年 文脉辉煌
人杰旺 物博广 历经沧桑

我们都是来自黄河两岸的炎黄子孙。黄河发源于巴颜喀拉山脉，一路流到渤海，哺育了多少儒家圣贤，他们成千上万的弟子几千年来都在治理国家。

于是，我写下了：

黄河上下 孔曾孟
千万儒家弟子 治国安邦

丝绸之路是中国古代货物西运的必经之路。敦煌是丝绸之路上的重镇。中国的风土人情，文化精髓，曾通过这里传播到世界各地。

于是，我写下了：

> 丝绸之路　跨敦煌
> 风土情　文化魂　扬越八方

段子手历史老师，王磊老师曾说过："汉字是我们的审美，横平竖直，中正平和才是致美。"汉字的结构储存着大量信息。我每次看见汉字，脑海里会产生无限的想象。

在同乐中文，我们学习汉字时注重的是汉字的音形义。汉字有神奇的音感效果，不同组合会形成抑扬顿挫的音乐美。每个字都像一张画。我学习过李山川老师分析的古人造字场景和演变过程。李老师的《汉字思维》让我对很多汉字都有了更深的理解。通过学习汉字的音和形，我深深地感到了汉字的美妙。

于是，我写下了：

> 汉字中正　赋想象
> 音如歌　形如画　义美无双

我学过很多历史典故，有姥爷给我讲的，有评书里听的，还有我从书里读的。后来我在学习古诗的时候，在诗中总会找到这些典故的身影。在同乐中文课里，我和同学们一起听评书历史故事，朗诵《道德经》，《论语》，《大学》和《中庸》等经典。每当我遇到困难的时候，这些知识会像一盏明亮的灯，为我照亮方向。

于是，我写下了：

　　　古今典故　诗里藏
　　听史书　诵论语　感知亮

我今天能做到的就是好好读经典，把文化基础打好，打牢。振兴中华的伟大事业就需要能理解中华文化基础的一辈人来建造！

于是，我写下了：

　　　我读经典　根基壮
　　中华伟业　让吾辈　来创

虽然我出生在美国，我要通过学习中国传统文化，让精美的中华文化永远地传承下去！

柯松爷爷点评：

恺骅：你好！

非常好，有新意，有气势，振奋人心，传承发扬，催人奋进！几个可以推敲之处：（已改）

1、历经沧桑；
2、黄河上下？（长城内外、大河上下）
3、古今中外？（此赋突出了中华文化传承，"外"字是否改一下。
4、倒数第二行与倒数第三行都用了"经典"可否改一处，否则相距太近，略显重复。

仅供参考。

赋诗一首：

锦绣诗文凝笔端，
青龙偃月刀光闪。
恺骅好学勤为径，
文武双全好少年。

祝好！

诗友 柯松

图 14. 在游轮窗口望大海

后 记

说起写诗来，我还是从英文开始的。2021 年，我的老师 Murdick 女士教给了我押韵的乐趣。爸爸妈妈给我买了莎士比亚的诗集，跟我一起学习莎士比亚的 14 行诗的格式。我发现其实如果明白了"游戏"规则，写这样的诗还是挺好玩的。以下是我尝试用莎士比亚的方法写的第一首诗：

Morning Thoughts

The ship rides the wind in a sea that raves,
The bow cleaving the ocean swells in haste.
Lying in bed a glorious day waves,
All the beaches and forests that await.

Want to feel the warm sand under my feet,
And the cool sea water up to my thigh.
Want to greet the sea lions looking sweet,
And the stone arch with hidden caves up high.

小游子　诗友情

图 15. 船长非常喜欢我作的诗，为我颁奖。

Want to hike the lush and green forest trails,
Along the clear and shallow mountain streams.
Want to adventure past bridge with no rail,
Over a plunging waterfall that gleams.

Ready for a day of fun and colors,
Ready for the world with all its wonders!

那次，我们全家坐游轮去墨西哥旅游。我们一起去了很多景点，玩得很高兴。有一天早上，我躺在被窝里回忆着我们玩过的沙滩，小溪，树林，还有特别危险的小吊桥。我想到康震老师讲过，孟浩然也是躺在被窝里想着窗外的春色写的《春晓》，就决定用这个题材，以莎士比亚的十四行诗的格式，去写我这首英文诗。

我们的船舱在船头，是游客舱的二楼，离海面很近。船在高速航行时，我躺在床上感受着海面的起伏。每一次船舷撞击到起伏的海面时，都会溅起巨大的浪花，发出轰隆隆的声音。这使我想起了李白写的《行路难》三首中的：

  长风破浪会有时，直挂云帆济沧海。

于是，我写下了：

The ship rides the wind in a sea that raves,

The bow cleaving the ocean swells in haste.

Lying in bed a glorious day waves,

All the beaches and forests that await.

躺在床上，我想象着在又细又软的沙滩上跑步，再让清凉的海水冲刷我的大腿。我好像又看到了海狮躺在石头上睡觉，还有岸边的巨大石拱和隐蔽的岩洞。

于是，我写下了：

Want to feel the warm sand under my feet,

And the cool sea water up to my thigh.

Want to greet the sea lions looking sweet,

And the stone arch with hidden caves up high.

躺在床上，我又想象着走在凉爽的林间小道，阳光像金色的细沙穿过一层层枝叶照在我身上。清澈的溪水在石上流过。我勇敢地走过了一座独木桥。桥边一帘闪亮的瀑布飞流直下。

于是，我写下了：

后 记

图 16. 我在沙滩上奔跑

Want to hike the lush and green forest trails,

Along the clear and shallow mountain streams.

Want to adventure past bridge with no rail,

Over a plunging waterfall that gleams.

我决定要马上起来去看看这万紫千红的大自然，因为世界还有很多奇观等着我去探索！

于是，我写下了：

Ready for a day of fun and colors,
Ready for the world with all its wonders!

我把这首诗献给了邮轮的船长。船长还给我写了封感谢信。

在这首诗里，我把从中国古诗里学到的知识用到了英文创作中。

学习中国古典文化让我在看到各种景色时联想到古人的经典诗句，让我能注意观察生活中更多的细节，感受到更美好人生。

我希望这本诗集能让更多的朋友们感受到生活中的各种细节。结合这首诗和诗的创作过程，我邀请大家能通过不同语言中的诗词一起感受、欣赏和记录我们的美好生活。

种恺骅

2022 年 10 月

后 记

图 17. 我喜爱中西方文化的融合

83

图 18. 种恺骅七岁了

后 序

从种恺骅很小的时候，我（恺骅妈妈）和先生（恺骅爸爸）就决定，一定要让他以沉浸式的、学文化的角度出发，来学习中文和中华文化。

恺骅从四岁开始，经过三年多的积累，通过听评书，读经典，学文化短语，学诗词，学地理历史文化知识，到了可以用诗词的格式表达出所见所闻的程度。

我们相信大部分孩子通过同样的投入也都可以做到。作为家长，我们希望恺骅能意识到自己作为一个普通孩子，通过勤奋学到了不少知识，也取得了一些成绩，增加了自信。通过这些知识的积累，我们看到他的生活变得更充实。我们也鼓励他继续去学习更多的知识，并通过学习更好地帮助他人。

图 19. 种恺骅在弹奏古筝

我们夫妻俩出国都比较早。恺骅爸爸种骥科到奥地利时 11 岁,我是 13 岁生日的那个星期到达了加拿大。刚出国时,我们的中文分别也就是小学五年级和初中二年级的水平。只不过这么多年一直没有把中文放下,持续不断地在学习。尤其骥科妈妈下了不少功夫,让他在海外英文学校学习期间继续学中文,因此出国后中文水平也有所提高。

与此同时,在初高中期间,我们也都学习了英文之外的第三语言,我学的法文,骥科学的德文。在这个过程中,我们掌握到了一些非常有用的语言学习技巧和知识。

一. 孩子出生后的前 6-8 个月能发出所有语言里的任何声音

首先，从语言本身的角度出发，人类习得语言有两个非常重要的时期。

第一个时期，就是孩子从刚出生到差不多 6-8 个月那么大，英文里叫 First critical language learning period。这个阶段，孩子是可以发出所有语言里的任何声音的。也就是说，在一个人生命的前 6-8 个月，他会将听到的声音（language input）在大脑中留存下来，而没有听到的就丢失掉了。如果一个孩子生下来听不见，也会在这段时间里失去发语言声音的能力，从聋子变成哑巴。

因此这个阶段，语言学家建议给孩子接触各种各样的声音、各种各样的语言。为什么欧洲很多国家的人都可以讲许许多多种语言呢？

其实就是他们从小耳濡目染的多语言环境发挥了优势。恺骅从刚出生到一岁之间，正好我们也有条件，一有机会就带他去听西班牙文故事会、俄文故事会、英文故事会、中文故事会。一岁左右就带他上 Music Together 的课，接触各国文化的音乐、节奏、儿歌、民歌。

图 20. 种恺骅和妈妈在欣赏秋天的景色

只要有机会，各种各样的声音都让他听一听。人的大脑神经网正在建立的时候，是特别惊人的，能学到好多东西，大人完全想象不到。这个阶段，只要他听到的、学到的东西在大脑中留存了下来，是会一辈子受益的，哪怕 10 年、20 年暂时不用，也没有关系。

海外长大的华人小孩，再怎么抵触学中文，可一旦他们真正学起来，是比没有接触过中文的孩子要容易的，因为他们从小有了这个听的基础。恺骅小时候，我们就给他听了很多中文的儿歌、古诗词、三字经……还有就是爸爸自己在那儿学，边学边给他念。

等到恺骅会说话以后，一下子就蹦出好几十句三字经来。其实他的脑子里早就清楚了，就是还不会说话而已。包括乘法口诀表。恺骅大概在一岁的时候，每次喝奶有个四、五分钟左右的时间，他想听点什么。我就给他放乘法口诀歌。

后来也是到了会说话后，突然在那儿给你背口诀，可惜的是他背到差不多七七四十九就停在那儿了，我当时就在想这是怎么回事呢？哦，大概是每次听到那儿的时候奶就喝完了，儿歌被我给停下来就没有听了。令我们惊喜的是，他不光能按顺序背，爷爷随便挑几个考他，他都能顺口答出来。

所以，早期的"熏听"对于孩子是大有益处的。

二. 沉浸式语言环境：在特定的空间，只使用一种语言

身在海外，要如何给孩子创造沉浸式的中文环境呢？

恺骅除了家里爸爸妈妈，以及两边的祖父祖母都会和他说中文以外，我们还会把语言环境做一个空间、区域上的划分。尽量控制在一定的环境内，只用一种语言来沟通。

比如说，在家里或者家中的某个房间内，必须说中文；出了家门和孩子去上学，就给他创造英文环境。

获 2014 年诺贝尔医学奖的研究中曾提出：人的大脑中，有一部分"位置细胞"和"网格细胞"，是专门学习、控制地理位置的。**它让人处在不同的位置、不同的环境中时，可以做出不同的反应。**

我们把语言环境做好在地理位置上的划分，更有利于孩子对语言的学习和使用。

许多父母担心孩子过早学中文，中英文交替着使用，会造成他在语言上的混乱。其实不会，**只要你人为地给孩子分清楚，他自然也会分得清。**

图 21. 种恺骅在线上中文故事会为小观众们讲三国

什么情况下会导致语言混乱呢？习惯性的中英文夹杂着使用！一旦我们不分时间、空间，把语言混杂着来和孩子交流，确实会出现一些问题。

我们身边有很多华裔家庭的孩子，从小的语言启蒙，只是为了和父母沟通。若是父母为了图方便，**把普通话、方言、英文这几种语言掺杂在一块来交流**，孩子就很难分辨这几种语言。

我这一代中就有一些这样的孩子，虽然上了多年中文学校，现在依然不具备熟练使用这门语言的能力。恐怕还不及沉浸式学中文的孩子们学了两三年的水平。

三. 没有文化背景作为依托，识再多字也没用！

曾经还发生过一件非常有意思的事。我们在卡内基梅隆上大学时，有一位美国同学，高中选了中文为第二语言，中文说得非常好。有一次他到了北京，要打车，就问师傅打车多少钱。

人家看他虽然是外国人面孔，但中文又讲得这么好，就对他说："打表"。这个同学当时十分困惑：为什么要"Hit my watch"？他理解不了。后来才明白，原来打表的意思是"打开计价器计算费用"。

我把这件事情当成笑话讲给一位从小在国外长大的华裔朋友听，结果华裔朋友也是一脸茫然，非常认真的问："为什么要打表？"

没有文化背景做支撑，这位华裔朋友也理解不了这句话背后的含义。所以从那时候我们就发现了，**要想学好语言，文化背景是非常重要的**。

恺骅满两岁要上幼儿园时，原本中英文双语学校我们看了几个，附近没选到一个满意的。于是就让他上了家门口的全英文幼儿园。中文先自己在家里教。

后序

最开始是用一个叫"悟空识字"的APP来学汉字。三岁的恺骅学得非常快，那上面图文并茂的，非常生动，他在8个月之内就学了将近1300个字。

可是字识得越来越多以后，就出现了瓶颈，开始混这些字。比如打伞的"伞"和太平的"平"，他都分不清。当时我和先生就意识到，不应该再让他学更多的字了。因为他**缺乏相应的文化背景，即便学再多的字，也不能很好地运用起来**。

一个偶然的机会，我经卡内基梅隆校友方芳介绍，结识了同乐中文的李碧涛老师，并了解拜读了她著作的《海外中文教育的探索》。我和先生在李碧涛老师的书中看到了一整套强调文化，注重经典和传统的熏陶与学习路径。在李碧涛老师的指导下，让四岁的恺骅插入了同乐中文幼儿班。

在读经典，学文化短语，听评书，积累中国美食、节气、地理、历史等知识的过程中，恺骅对中华文化有了更深的理解。在此之外，我们还给恺骅找了一套系统化的，能够把语言的结构串联起来的知识体系。

小游子　诗友情

图 22. 种恺骅很喜欢和家人一起做中国美食。图为跟爸爸和姥爷做拉面。

四. 文化熏陶+系统性教学，习得将语言融会贯通的能力

从文化的角度来说，恺骅受到了优秀的熏陶和教育。从识字的角度来说，他也有了不错的基础。在这个阶段，最好可以用一套系统性的教材帮助他将所学的知识、文化串联起来并熟练运用发挥。

我们的一个朋友在伯克利读 MBA 时，对教育方面做了些了解。到孩子准备学中文时，这位朋友用了一个半月时间，研究了市面上的十几个一对一学习平台，给我们推荐了其中的两家。我们在这两家机构上了试听课，最后选择了悟空中文。

在一对一的中文课上，老师懂得因材施教，他们能根据恺骅的兴趣爱好、性格特点来展开教学。但是课堂上无论天南地北聊到什么样的话题，老师都能再绕回来，回归到所学知识，这一点是非常厉害的。

恺骅就这样在悟空学了一段时间后，我们发现他的中文表达能力还真是提升不少。等到达了一定程度时，我们又跟老师商量 **能不能每隔一段时间，给他一些写作方面的作业和指导？**

图 23. 种恺骅喜欢浏览《中国历史长河图》

因为从学、读、背的角度来说，孩子确实拥有了一些能力，而且他读了那么多文化经典和古诗文，脑子里也有了一些东西。但是真正**从写作、从强输出的角度**来说，还不是很强。不管中文还是英文，他当时在做一些看图讲故事之类的作业时，头绪还是比较乱。

后来有那么几个月时间，谢老师（恺骅在悟空的中文老师）大概每个月会给他布置一个写作题目，然后给予相应的教学和指导。

后序

平时节假日，我们带恺骅出去玩，也会鼓励他：**你多观察，咱们把它写下来。生活中到处有故事，有诗……**。

去年圣诞节，我们在邮轮上，恺骅通过爸爸的启发创作了一首英文诗，当时还给船长念了一下。船长非常高兴，送给了他一个邮轮模型。

回到家以后，孩子在视频通话中和爷爷奶奶分享这首诗，北京的爷爷奶奶说："**我听不懂，你能不能给我翻译成中文。**"

可是翻译成中文，要意思准确又押韵，对他来说还真挺难的。奶奶说要不你写一首中文诗吧。于是就写出了一首《游湿地有感》。

从这首诗开始，我们继续鼓励他注意观察周围的景色、生物，以及自己的心情，然后把这些和他联想到的诗词记录下来，通过写诗的方法与别人分享。每次写作都比较花时间。我和先生就商量着把周末空出来，其中一天花半天时间带着他一起玩（采题和收集素材），另半天写作。恺骅觉得李白，孟浩然能通过文字把读者带进他们的环境和经历，真是挺厉害的。七岁的恺骅也比较配合尝试。经过许多周末的练习后，他写诗也快些了。

春假坐游轮时写了后记里提到的英文诗后，想到奶奶肯定又要他翻译了，就写了下面这首七言诗：

《坐邮轮有感》

儿童春假济沧海，
长风破浪异国待。
家人团聚交新友，
美景如画尽眼来。

总之，如果大人们把写作呈现为一件有趣和快乐的事情，孩子也会仿效。如果大人们玩诗词飞花令玩得激动，孩子也要参与。我们非常庆幸恺骅结识柯松爷爷。他是位和蔼可亲的忘年交诗友，把精准的语言表达和推敲展现成为一件很有趣的事情。

五． 小学前，让中文水平保持在英文之上

确切地说，现阶段恺骅的**中文水平是比英文要好一些**。虽然他从小生活在美国，疫情前大概每半年就回中国一次。

但我们一直在尽力**让他的中文水平保持在英文之上**。尤其在小学阶段，一定要让孩子自己觉得这个东西有用、有意思，未来能够自发地、充满动力地持续学习。

我们曾经在给恺骅申请一所私立学校时，接触过一位华裔心理医生。那位医生表示，她面对过很多华人家庭，孩子都不愿意学中文。尤其到了十几岁叛逆期，家长越让学他就越抵触。然后等到高中毕业考完 SAT、中文 AP，马上就说：**太好了！再也不用学中文了**。然后把书捐掉、扔掉、甚至烧掉，彻底解脱。

我和恺骅的爸爸希望孩子在小学阶段，尽可能地打好中文基础。因为一旦他上了初中就会非常忙了，到时候**中文和英文差距一旦拉开，就很难再补上来了**。

我曾经有一个麻省理工 MBA 的同学，她家孩子的中文非常好，我那时候还没有生恺骅，就问她：你怎么做到的？

图 24. 在旧金山亚洲艺术博物馆(Asian Art Museum)参观艺术品

她回答说：有两点。**第一，你得让他喜欢上这个文化；第二，一定要让他保持中文水平比英文强一点点，这样的情况是最佳的**。因为到时候，中文和英文的差距一旦拉开，就很难再把学习中文的兴趣提起来了。

她家有两个男孩，老大喜欢星球大战。但是她说孩子再小一点的时候，你给他上《星球大战》也好，《三国演义》也好，他都喜欢。小孩子一旦把《三国演义》里那些人物关系搞清楚了、对故事感兴趣了，照样读得津津有味，十来岁就把原著读完了。

恺骅现在也是，儿童版的《西游记》、《三国演义》、《水浒传》等等，几乎都自主阅读了一遍。在家里，每天早上起来就看《最美最美的中国童话》，时不时地还考考我们：你知道最早的大炮叫什么吗？你知道半路杀出个程咬金是怎么回事吗？

这都是他感兴趣的，同乐中文课里讲，悟空中文的文化课上也讲。有一次，我因为点什么事情和他生气了，讲话时声音就大了点。冷静下来以后我向他道歉，说："对不起，妈妈不该那么大声……。"

恺骅说："没事。"结果一转头，爸爸听见他小声呢喃了一句："得饶人处且饶人！"

永远不要低估了小孩子的学习能力，有时候大人以为某个东西对孩子来说很难，可能理解不了。可一旦你给他/她学了，让他/她感兴趣了，他/她就会在不经意间给你惊喜！

常悦

2022 年 10 月